Gallimard Jeunesse / Giboulées
Sous la direction de Colline Faure-Poirée

Conception : Néjib Belhadj Kacem
Maquette : Audrey Jeannot

ISBN : 2-07-05-0820-x
Dépôt légal : octobre 2005
Numéro d'édition : 130242
Loi n° 49956 du 16 juillet 1949
sur les publications destinées à la jeunesse
Imprimé en Belgique par Proost

Chez le psy

Textes : Catherine Dolto et Colline Faure-Poirée
Illustrations : Frédérick Mansot

GIBOULÉES
GALLIMARD JEUNESSE

Quand quelque chose ne va pas dans notre vie ou dans la famille et qu'on n'arrive pas à le changer, quand on ne comprend plus les grandes personnes, on peut aller voir un psychothérapeute.

Par exemple on se rend compte que quelque chose ne va plus comme avant. On se met en colère pour rien, on pleure souvent, on mange trop ou plus du tout, on dort mal, on refait pipi au lit, on se vexe, on se dispute, ou on tombe malade sans arrêt.

Les grandes personnes le remarquent mais elles n'arrivent pas à nous aider. Les parents ne comprennent pas ce qui se passe et toute la famille s'énerve et va mal. C'est pour cela qu'il faut se faire aider par quelqu'un qui est payé pour ça.

Le psychothérapeute, c’est quelqu’un dont le métier est d’aider les enfants et les parents qui trouvent que leur vie est trop difficile. En général, on les appelle “psy”, c’est plus facile à dire.

Même quand les parents et les enfants s'aiment beaucoup, ils ont parfois du mal à se parler. Il y a des secrets qu'ils n'osent pas se dire, ils ne veulent pas se faire de la peine, ils ont peur de se fâcher au point de cesser de s'aimer.

Il y a aussi des choses qui nous font du mal mais on ne sait même pas ce que c'est. Ce n'est pas clair autour de nous ni dans notre cœur. C'est comme si on était dans le noir. C'est le bon moment pour se faire aider en allant rencontrer notre psy.

Souvent elle reçoit les parents d'abord, seuls, pour qu'ils puissent bien parler et se comprendre. Et parfois ça suffit !

Ensuite on la voit seule, pour qu'elle nous aide à découvrir ce qui pèse au fond de notre cœur. Mais elle n'a pas le droit de raconter aux autres ce qu'on lui dit, même pas aux parents. Nous aussi on a le droit de garder secret ce qu'on dit à notre psy. Mais on peut aussi le raconter aux parents, c'est comme on veut.

On parle avec elle, on dessine, on fait de la pâte à modeler, quelquefois on joue. On se sent en confiance, c'est comme si on mettait une lampe dans un coin sombre qui nous inquiète. Peu à peu, on s'en va plus léger même si on ne comprend pas toujours pourquoi.

Parfois on n'a pas envie de continuer et comme on ne peut pas y aller de force, nos parents vont parler à notre place et ça aide toute la famille. Quand on se sent bien on arrête.

Mine de rien, rencontrer un psychothérapeute, ça aide à aimer la vie et les gens.

Dans la même collection :

1 Filles et garçons
2 Dans tous les sens
3 Des amis de toutes les couleurs
4 Bouger
5 la nuit et le noir
6 Les chagrins x5
7 Les bêtises
8 Moi et mon ours
9 Les gros mots x8
10 Les papas x6
11 Polis pas polis
12 Quand les parents sortent
13 On s'est adoptés x7
14 Vivre seul avec papa ou maman x10
15 Gentil méchant
16 Jaloux pas jaloux
17 Attendre un petit frère ou une petite sœur
18 Les mamans x 12
19 Les câlins x 2
20 Un bébé à la maison x 11
21 À la crèche x 1
22 Les colères
23 Les bobos
24 Les grands parents
25 Attention dans la maison
26 Mon docteur
27 Les doudous
28 Propre

29 Les cadeaux
30 Si on parlait de la mort
31 Respecte mon corps
32 Les parents se séparent
33 Pipi au lit
34 Tout seul
35 Ça fait mal la violence
36 Les premières fois
37 Protégeons la nature
38 Dire non
39 La télévision
40 Y'en a marre des tototes
41 Caca prout
42 La peur
43 Donner
44 Les mensonges
45 Les jumeaux
46 L'opération
47 L'hôpital
48 Les urgences
49 Chez le psy
50 L'amitié
51 La famille
52 La naissance